AF194068

школа

škola

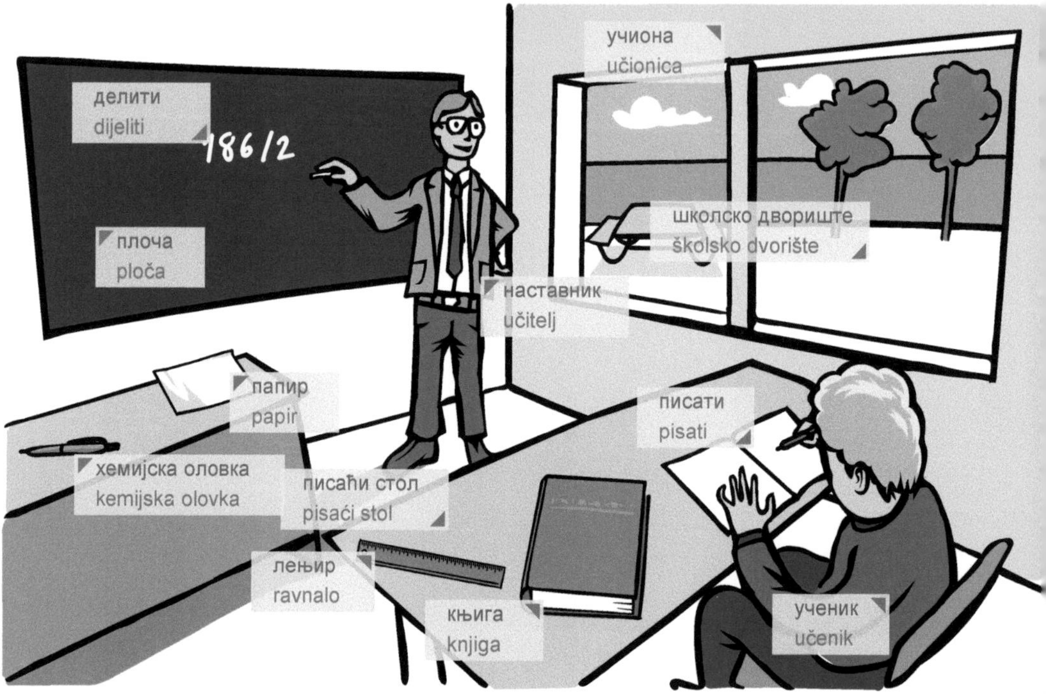

учиона
učionica
делити
dijeliti
186/2
плоча
ploča
школско двориште
školsko dvorište
наставник
učitelj
папир
papir
писати
pisati
хемијска оловка
kemijska olovka
писаћи стол
pisaći stol
лењир
ravnalo
књига
knjiga
ученик
učenik

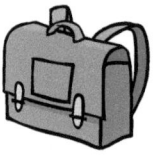

торба

torba

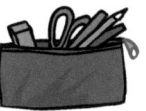

перница

pernica

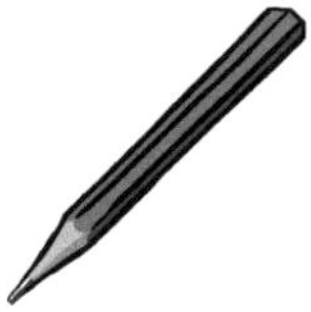

графитна оловка

grafitna olovka

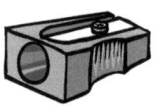

шиљило за оловке

šiljilo za olovke

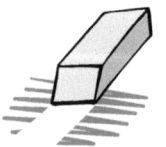

гумица за брисање

gumica za brisanje

блок за цртање

blok za crtanje

цртеж

crtež

кист

kist

кутија са бојама

kutija s bojama

маказе

makaze

лепило

ljepilo

бележница

bilježnica

домаћи задатак

domaći zadatak

број

broj

2+2

сабирати

sabirati

5-2

одузимати

oduzimati

множити

množiti

рачунати

računati

A

слово

slovo

ABCDEFG HIJKLMN OPQRSTU VWXYZ

абецеда

abeceda

реч

riječ

текст

tekst

читати

čitati

креда

kreda

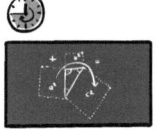

час

sat

дневник

dnevnik

испит

ispit

сведочанство

svjedodžba

школска униформа

školska uniforma

образовање

obrazovanje

лексикон

leksikon

универзитет

sveučilište

микроскоп

mikroskop

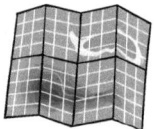

карта

karta

кошара за папир

košara za papir

школа - škola

путовање

putovanje

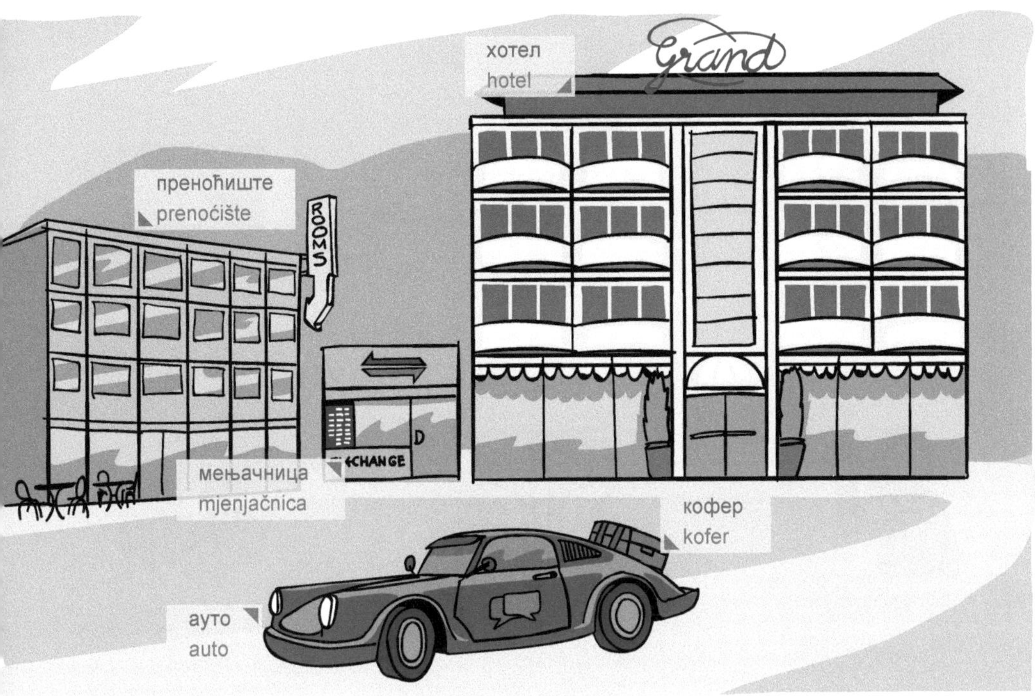

хотел
hotel
Grand
пренoћиште
prenoćište
ROOMS
менjачница
mjenjačnica
кофер
kofer
ауто
auto

језик

jezik

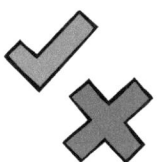

да / не

da / ne

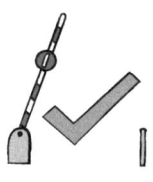

океј

okay

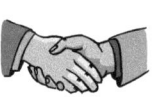

здраво

zdravo

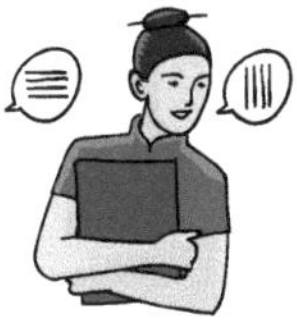

преводилац

prevoditelj

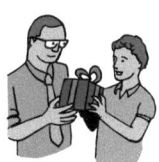

хвала

hvala

Колико кошта...?

Koliko košta...?

не разумем

ne razumijem

проблем

problem

добро вече!

dobro veče!

Добро јутро!

Dobro jutro!

Лаку ноћ!

Laku noć!

довиђења

doviđenja

смер

smjer

пртљага

prtljaga

торба

torba

руксак

ruksak

гост

gost

соба

soba

врећа за спавање

vreća za spavanje

шатор

šator

путовање - putovanje

туристичке информације

turističke informacije

плажа

plaža

кредитна картица

kreditna kartica

доручак

doručak

ручак

ručak

вечера

večera

карта за вожњу

karta za vožnju

лифт

dizalo

поштанска маркица

poštanska markica

граница

granica

царина

carina

амбасада

ambasada

виза

viza

пасош

putovnica

много / мало

mnogo / malo

љутито / мирно

ljutito / mirno

лепо / ружно

lijepo / ružno

почетак / крај

početak / kraj

велико / малено

veliko / maleno

светло / тамно

svijetlo / tamno

брат / сестра

brat / sestra

чисто / прљаво

čisto / prljavo

потпуно / непотпуно

potpuno / nepotpuno

дан / ноћ

dan / noć

мртво / живо

mrtvo / živo

широко / уско

široko / usko

јестиво / нејестиво

jestivo / nejestivo

зло / добро

zlo / dobro

узбуђено / досадно

uzbuđeno / dosadno

дебело / мршаво

debelo / mršavo

на почетку / на крају

na početku / na kraju

пријатељ / непријатељ

prijatelj / neprijatelj

пуно / празно

puno / prazno

тврдо / мекано

tvrdo / mekano

тешко / лагано

teško / lagano

глад / жеђ

glad / žeđ

болесно / здраво

bolesno / zdravo

илегално / легално

ilegalno / legalno

паметно / глупо

pametno / glupo

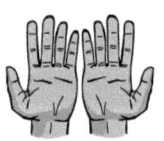

лево / десно

lijevo / desno

близу / далеко

blizu / daleko

супротности - suprotnosti

ново / половно

novo / rabljeno

ништа / нешто

ništa / nešto

старо / младо

staro / mlado

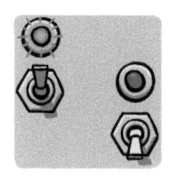

укључено / искључено

uključeno / isključeno

отворено / затворено

otvoreno / zatvoreno

тихо / гласно

tiho / glasno

богато / сиромашно

bogato / siromašno

тачно / погрешно

točno / pogrešno

храпаво / глатко

hrapavo / glatko

тужно / сретно

tužno / sretno

кратко / дуго

kratko / dugo

полако / брзо

polako / brzo

мокро / сухо

mokro / suho

топло / хладно

toplo / hladno

рат / мир

rat / mir

0

нула

nula

1

један

jedan

2

два

dva

3

три

tri

4

четири

četiri

5

пет

pet

6

шест

šest

7

седам

sedam

8

осам

osam

9

девет

devet

10

десет

deset

11

једанаест

jedanaest

12

дванаест
dvanaest

13

тринаест
trinaest

14

четрнаест
četrnaest

15

петнаест
petnaest

16

шестнаест
šestnaest

17

седамнаест
sedamnaest

18

осамнаест
osamnaest

19

деветнаест
devetnaest

20

двадесет
dvadeset

100

стотину
stotinu

1.000

хиљаду
tisuću

1.000.000

милион
milijun

енглески

engleski

амерички енглески

američko engleski

мандарински кинески

kinesko mandarinski

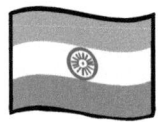

хиндски

hindi

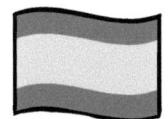

шпански

španjolski

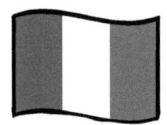

француски

francuski

арапски

arapski

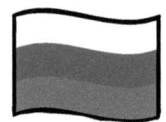

руски

ruski

португалски

portugalski

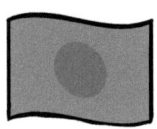

бенгалски

bengalski

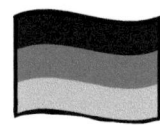

немачки

njemački

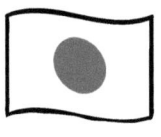

јапански

japanski

ja
ja

ти
ti

он / она / оно
on / ona / ono

ми
mi

ви
vi

они
oni

Ко?
tko?

Шта?
što?

Како?
kako?

Где?
gdje?

Када?
kada?

име
ime

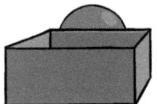

иза
....
iza

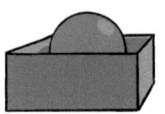

у
....
u

испред
....
ispred

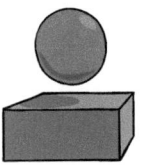

преко
....
preko

на
....
na

испод
....
ispod

поред
....
pored

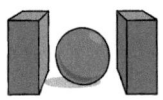

између
....
između

место
....
mjesto